Emil M. Engel

Charlotte Wolter in ihren Glanzrollen

In vierzig Bildern nach Photographien von Dr. Székely

Emil M. Engel

Charlotte Wolter in ihren Glanzrollen
In vierzig Bildern nach Photographien von Dr. Székely

ISBN/EAN: 9783743396449

Hergestellt in Europa, USA, Kanada, Australien, Japan

Cover: Foto ©Thomas Meinert / pixelio.de

Manufactured and distributed by brebook publishing software (www.brebook.com)

Emil M. Engel

Charlotte Wolter in ihren Glanzrollen

Charlotte Wolter.

Charlotte Wolter

in ihren Glanzrollen

dargestellt in

VIERZIG BILDERN

nach

PHOTOGRAPHIEN von Dr. SZÉKELY.

Herausgegeben von Emil M. Engel.

WIEN, 1897.
Druck und Verlag von Emil M. Engel, Wien I.

Charlotte Wolter.

Im Gedächtnisse festgehalten zu werden, ist der berechtigte Wunsch Aller. Am tiefsten empfinden ihn Bühnen-Darsteller, des Spruches eingedenk: »Dem Mimen flicht die Nachwelt keine Kränze.« Die späte Nachwelt, sollte es heissen; gibt es doch auf keinem anderen Gebiete so viel Lobredner der »guten, alten Zeit«. Wahr aber ist, dass das Bild bedeutender Darsteller allmählig verblasst, sich verflüchtigt, mit den Zeitgenossen entschwindet.

Charlotte Wolter ist todt. Ihre Erscheinung, wechselnd in den verschiedenartigen Gestalten der Bühne, immer aber gleich schön und imposant, im Bilde festzuhalten, ist die Aufgabe, welche wir uns gestellt. Ob Königin und Heldin oder Weib aus dem Volke und Dulderin; gottbegnadete griechische Jungfrau am Opferaltare oder racheglühende Barbarin, Spielgenossin der Ungeheuer, welche das goldene Vliess gehütet, immer weist die Gestalt der Wolter die Haltung des begnadeten Weibes, die Grazie edler Formen auf. Vom Beginne bis zum Schlusse ihrer Laufbahn ist ihr die doppelte Begabung der inneren Erleuchtung und des äusseren Scheines treu geblieben; schön als »Maria Stuart«, war sie noch interessant als Greisin im »Dornenweg«. Diese Blätter sollen dazu dienen, die bleibenden Züge im Wechsel, in der Manigfaltigkeit der verschiedenartigen Bühnengestalten festzuhalten. Sie sollen dazu beitragen, in Jedem, der Blatt um Blatt umschlägt, das Gedenken an die Wolter zu unterstützen.

Wie Charlotte Wolter aussah, das können wir darstellen, aber wie sie sprach, wie sie spielte, das allerdings muss man gesehen und gehört haben, um noch im Geiste zu sehen und zu hören, was man ehedem erschaut und vernommen. Die Wolter hatte drei Gaben von der Natur mit erhalten: das Gesicht edel geschnitten, den Körper ebenmässig gebaut, die Stimme wie eine Glocke, die zur Andacht rufen, aber auch zum Sturme aufschrecken kann. Es hat selten eine Schauspielerin gegeben, deren Glieder, so fast von selbst, harmonisch zusammen spielen konnten, dass jede Stellung, welche der Körper einnahm, ein künstlerisches Bild darbot. Das kam Frau Wolter bei der Darstellung classischer Gestalten zu Gute. Wie in keiner anderen Rolle einigten sich in ihrer Sappho mit dem Geiste und dem Worte, die plastische und malerische Wirkung. »Schön wie ein Bild!« rief man; wir fügen hinzu: »wie eine Statue!«

Heute lebt die Wolter nur noch in unserem Gedächtnisse, im Bilde. Wer sie aber in ihrer Glanzzeit und in ihren Glanzrollen gesehen, wird so lange er lebt, sagen: »Ja, als die Wolter noch lebte und spielte, die Wolter musste man gesehen haben!«

INHALTS-VERZEICHNISS.

CHARLOTTE WOLTER
als

Sappho in Grillparzer's »Sappho« . . . . Tafel	1, 2, 3.
Adelheid in Göthe's »Götz von Berlichingen« . . »	4, 5, 6, 7.
Thusnelda in Friedr. Halm's »Fechter von Ravenna« »	8, 9, 10, 11.
Lady Macbeth in Shakespeare's »Macbeth« . . . »	12, 13, 14.
Kriemhilde in Adolf Wilbrandt's »Nibelungen« . . »	15, 16.
Maria Stuart in Schiller's »Maria Stuart« . . . . »	17, 18,
Phädra in Racine's »Phädra« . . . . »	19, 20, 21.
Margarethe von Anjou in Shakespeare's »Richard III.« . . . . »	22.
Judith in Friedr. Hebbel's »Judith und Holofernes« »	23, 24.
Messalina in Adolf Wilbrandt's »Arria und Messalina« . . . . »	25, 26.
Kleopatra in Shakespeare's »Antonius und Kleopatra« . . . . »	27.
Elisabeth in Heinrich Laube's »Graf Essex« . . »	28.
Gräfin Fonteney in Georg Ohnet's »Liebesopfer« »	29, 30.
Natalie in Iwan Turgenjew's »Natalie« . . . . »	31.
Maria Anna in Dennery und Mallian's »Weib aus dem Volke« . . . . „	32, 33.
Frau Carlington in Victorien Sardou's »Georgette« »	34, 35.
Camilla in Octave Feuillet's »Vornehme Ehe« . . »	36.
Pastorin in Richard Voss' »Neue Zeit« . . . . . »	37.
Frau Wedekind in Felix Philippi's »Dornenweg« . »	38, 39.
Jubiläumsbild vom Jahre 1887 . . . . »	40.

Sappho
in Grillparzer's »Sappho«.

Sappho
in Grillparzer's »Sappho«.

Sappho
in Grillparzer's »Sappho«.

Adelheid
in Göthe's »Götz von Berlichingen«.
(Zweiter Act.)

Adelheid
in Göthe's »Götz von Berlichingen«.
(Zweiter Act.)

Adelheid
in Göthe's »Götz von Berlichingen«.
(Zweiter Act.)

Adelheid
in Göthe's »Götz von Berlichingen«.
(Letzter Act.)

Thusnelda
in Friedrich Halm's »Fechter von Ravenna«.

Thusnelda
in Friedrich Halm's »Fechter von Ra

Thusnelda
in Friedrich Halm's »Fechter von Ravenna«.
(Letzter Act.)

Thusnelda
in Friedrich Halm's »Fechter von Ravenna«.
(Letzter Act.)

Lady Macbeth
in Shakespeare's »Macbeth«.
(Zweiter Act.)

Lady Macbeth
in Shakespeare's »Macbeth«.
(Dritter Act.)

Lady Macbeth
in Shakespeare's »Macbeth«.
(Letzter Act.)

Kriemhilde
in Adolf Wilbrandt's »Nibelungen«.

Kriemhilde
in Adolf Wilbrandt's »Nibelungen«.

Maria Stuart
in Schiller's »Maria Stuart«.

Maria Stuart
in Schiller's »Maria Stuart«.

Phädra
in Racine's »Phädra«.

Phädra
in Racine's »Phädra«.

Phädra
in Racine's »Phädra«.

Margarethe von Anjou
in Shakespeare's »Richard III.«

Judith
in Friedrich Hebbel's »Judith und Holofernes«.

Judith
in Friedrich Hebbel's »Judith und Holofernes«.

Messalina
in Adolf Wilbrandt's »Arria und Messalina«.

Messalina
in Adolf Wilbrandt's »Arria und Messalina«.
(Dritter Act)

Kleopatra
in Shakespeare's »Antonius und Kleopatra«.

Elisabeth
in Heinrich Laube's »Graf Essex«.

Gräfin Fonteney
in George Ohnet's »Liebesopfer«.

Gräfin Fonteney
in George Ohnet's »Liebesopfer«.

Natalie
in Iwan Turgenjew's »Natalie«.

Maria Anna
in Denney und Mallian's »Weib aus dem Volke«.

Maria Anna
in Denney und Mallian's »Weib aus dem Volke«.

Frau Carlington
in Victorien Sardou's »Georgette«.

Frau Carlington
in Victorien Sardou's »Georgette«.

Camilla
in Octave Feuillet's »Vornehme Ehe«.

Pastorin
in Richard Voss' »Neue Zeit«.

Frau Wedekind
in Felix Philippi's »Dornenweg«.

Frau Wedekind
in Felix Philippi's »Dornenweg«.

Charlotte Wolter
gelegentlich ihres 25jährigen Jubiläums.